Inhalt

Unternehmerische Planung - Budgetierung als Steuerungsinstrument?

Kernthesen

Beitrag

Fallbeispiele

Weiterführende Literatur

Impressum

# Unternehmerische Planung - Budgetierung als Steuerungsinstrument?

I. Lukmann

Kernthesen

- Systematische Planungsprozesse sind für erfolgreiche Unternehmen unerlässlich, da unternehmensbezogene Kerndaten aus Planungs- und Budgetierungsprozessen häufig als Basis für Unternehmensentscheidungen herangezogen werden.
- Hierfür sollten geeignete Steuerungs- und Planungsmechanismen entwickelt und kontinuierlich angewendet werden.

Beitrag

Planungs- und Budgetierungsprozesse in Unternehmen zielen darauf ab, konkrete finanzorientierte Zielsetzungen auf Geschäftsbereichs- bis hin zur Kostenstellenebene vorzugeben. Häufig sind solche Zielsetzungs- und Planungsprozesse jährlich-fortschreibend und nicht strategisch-zielorientiert gestaltet. Ein hoher bürokratischer Aufwand und ineffiziente Aushandlungsprozeduren binden außerdem viel Zeit und Kosten von Planungsverantwortlichen.

Ziele einer effizienten Unternehmensplanung

Unternehmen planen auf der Grundlage von Daten und Fakten für ihre Produkte bzw. Dienstleistungen, ihre Projekte sowie ihr Personal. Grundsätzlich wird dabei zwischen strategischer und operativer Planung unterschieden. Die strategische Planung beinhaltet im Wesentlichen Ziele und Maßnahmen, welche die Potenziale des Unternehmens in Zukunft erfolgreich erhalten sollen oder welche das Potenzial haben, Unternehmenserfolge zu schaffen. Ein solcher Strategieplan umfasst in der Regel drei

Planungsperioden. Die Operative Planung erfolgt dagegen für ein Jahr im Voraus. Die hierbei entwickelten Pläne drücken sich in der Budgetierung für das kommende Geschäftsjahr aus. Hierzu gehört beispielsweise die Optimierung des Personaleinsatzes von einzelnen Unternehmensbereichen. (2)

Vorgehen und Inhalte einer Unternehmensplanung

Im Abgleich mit den bestehenden Leitbildern eines Unternehmens erfolgt eine Ist-Analyse. Dabei werden in der Regel Ziele, unter Berücksichtigung der bisherigen Stärken, Kernkompetenzen und auch Schwächen sowie der bisherigen und vermutlich zukünftigen Rahmenbedingungen auf dem betreffenden Markt, im Ist-Zustand abgebildet.

Daraufhin erfolgt eine der Ist-Analyse entsprechende Zielplanung. Auf der Grundlage bisheriger Zielerreichungsgrade werden für die Zukunft Ziele formuliert. Diese berücksichtigen die Ausrichtung des Unternehmens im Sinne der strategischen Zielsetzungen. Darüber hinaus sollte dabei darauf geachtet werden, dass es in den einzelnen Unternehmensbereichen keine gegensätzlichen Zielsetzungen gibt und die Ziele grundsätzlich auf

Mitarbeiter des Unternehmens aufgeteilt werden können.

Letztlich werden im Rahmen einer Maßnahmenplanung die eben gesetzten Ziele mit Hilfe eines detaillierten Aktionsplanes für das Folgejahr definiert. Hierfür wird genau festgehalten, welche Mitarbeiter bzw. Bereiche welche Ziele oder Teilziele mit welchen Kosten und zu welchen Terminen umsetzen sollen. (1), (2)

Klassische Ansätze von Planungs- und Budgetierungsprozessen in Unternehmen

Im Rahmen von Planung- und Budgetierungsprozessen werden finanzielle Zielsetzungen für einzelne Geschäftsbereiche von Führungsebenen des Unternehmens vorgegeben. Diese Ziele sollten in der Regel wertschaffend sein und durch konkrete Zahlen definiert werden. Hierdurch wird eine gewisse Objektivität und Nachvollziehbarkeit von Planungs- und Budgetierungsprozessen geschaffen.

Unternehmensplanung erfolgt auf zweierlei Weise:

Zunächst wird eine langfristige Rahmenplanung mit übergeordneten Zielsetzungen sowie taktischen Stoßrichtungen des Unternehmens definiert. Anschließend werden diese Zielsetzungen mittelfristig im Sinne einer Detailplanung ausgestaltet. Eine solche Detailplanung wird in der Regel für ein Jahr im Voraus umgesetzt und definiert Ziele, Ressourcen und Aktivitäten sowie Prozesse für einzelne Einheiten des Unternehmens. Dabei wird zusätzlich zwischen einer sogenannten Aktionsplanung und einer Budgetierung unterschieden. Bei einer Aktionsplanung werden in der Regel Maßnahmen definiert, welche die operativen Zielsetzungen im Sinne der Prozessgestaltung eines Geschäftsjahres erfüllen helfen.

Demgegenüber beinhalten Budgetierungsprozesse eine Werteplanung. Das heißt, dass im Rahmen von Budgetierungsprozessen monetäre Größen definiert werden, die als Plangrößen einen Vorgabecharakter für eine Ressourcen-Zuordnung im Unternehmen innehaben. Die Budgetierung ermöglicht zudem eine Leistungskontrolle anhand der vorgegebenen Plangrößen und kann im Laufe des Geschäftsjahres durch einen Soll-/Ist-Vergleich den aktuellen Zielerreichungsgrad des Unternehmens messbar machen. Budgets haben daher eine doppelte Funktion: Zum einen setzen die Plandaten monetäre

Zielvorgaben (Soll-Werte). Darüber hinaus sollten Budgets aber auch realistisch und zukunftskompatibel sein und weisen somit einen Prognosecharakter auf (Wird-Wert). (4), (7), (11)

Vor- und Nachteile von klassischen Planungs- und Budgetierungsprozessen

Vorteile

- Die einzelnen Unternehmensbereiche sowie deren Führungskräfte ermitteln mit Hilfe von Planungsprozessen grundlegende Zielrichtungen und setzen somit die grundlegenden Bedingungen für das Unternehmen und ihre Bereiche fest. Eine solche Simulation durch die Planung zeigt eventuelle Schwierigkeiten in der künftigen Umsetzung bereits im Planungsprozess auf.
- Planungsprozesse helfen bei einer genauen Zuordnung von Verantwortlichkeiten und erhöhen somit auch das Verantwortungsbewusstsein von Führungskräften und Organisationseinheiten für die Umsetzung von Zielen im Unternehmen.
- Zusätzlich werden, vor allem in unteren

Führungsebenen, Entscheidungsunsicherheiten durch klare Vorgaben reduziert.
- Letztlich erhöhen Planungsprozesse die Kommunikation zwischen den einzelnen Unternehmensbereichen und zeigen eventuelle Widersprüche in den Zielsetzungen und Planungen der Bereiche auf.

Nachteile

- Vielfach wird die Budgetierung nicht anhand übergeordneter Strategien des Unternehmens definiert. Stattdessen wird die Planung häufig über die Jahre fortschreibend umgesetzt.
- Budgetierungsprozesse sind meistens sehr aufwendig und überdies manchmal zu bürokratisch gestaltet. Manager sehen in den Planungsprozessen einen zu hohen Aufwand, der im Vergleich zur Bedürfniserfüllung durch Budgetvorgaben mangelhaft erscheint.
- Oft ist die Qualität der Budgetvorgaben unzureichend. Im Laufe des Geschäftsjahres passen die Vorgaben der Budgets häufig nicht mehr zu den aktuellen Rahmenbedingungen. Da sich die Voraussetzungen im Laufe des Jahres rasch ändern, sind die Budgetdaten schnell veraltet und als Anhaltspunkte bzw. Entscheidungsgrundlagen nicht mehr sinnvoll. (5), (6), (7), (8), (11)

Fallbeispiele

Ein im eigenen Unternehmen entwickeltes webbasiertes Werkzeug namens Cost Centre Planning Wizard (CCPW) dient dem Konsumgüterkonzern Henkel zur Umsetzung seines alljährlichen Planungsprozesses. Die Planung wird dabei von mehr als 250 Kostenstellenverantwortlichen durchgeführt. Bei der Umsetzung der Planungsprozesse erzielt das neue Programm von Henkel vor allem Zeit- und Kostenersparnisse. Der Cost Centre Planning Wizard besteht aus zwei Teilen: Im Front-End-Bereich können Kostenstellenverantwortliche ihre Planung anwenderfreundlich umsetzen. Dabei erhalten diese, basierend auf ihrer Anmeldeinformation, Zugang zu den Informationen der Kostenstellen, die sie verantworten. Die Anwender können anschließend beispielsweise Kostenstellen und Leistungsarten beplanen oder statistische Kennzahlen eingeben. Auch eine senderbasierte Planung sowie interne Umlagen von Kosten sind mit dem CCPW Tool für den Anwender möglich. Im Rahmen der Back-End-Funktion des Tools kann die Controllingabteilung zentrale Vorgaben zu den Planungsparametern aufsetzen. Hierzu gehört beispielsweise die Sperrung bestimmter Kostenarten, die Anlage und Freigabe von Zugriffsrechten der Nutzer oder auch die Benutzer-Zuordnung von Kostenträgern. (9)

Weiterführende Literatur

(1) Planung im Kleinbetrieb
aus "a3-eco" Nr. 03/07 vom 01.03.2007 Seite: 45

(2) Betriebswirtschaftliche Planung ist ein Muss!
aus TextilWirtschaft 04 vom 25.01.2007 Seite 028

(3) Strategische Planung hinterfragt
aus FINANZ BETRIEB, Heft 1 vom 10.1.2007, Seite 11

(4) Schaffung von Mehrwert Den Planungsprozess objektivieren
aus SCHWEIZER BANK vom November 2006 Seite 26

(5) Hat die Budgetierung noch Zukunft?
aus Frankfurter Allgemeine Zeitung, 23.05.2005, Nr. 117, S. 22

(6) Der Weg zur besseren Planung
aus SCHWEIZER VERSICHERUNG vom Juli 2004 Seite 55

(7) Budgetierung Gestaltungsanforderungen und -ansätze sowie aktuelle Entwicklungen

aus Betrieb und Wirtschaft, Heft 11/2004, S. 441-448

(8) Budgetierung: Die Evolution ist machbar
aus Frankfurter Allgemeine Zeitung, 14.06.2004, Nr. 135, S. 26

(9) Magische Planung!
aus CHEManager Ausgabe 09 vom 11.05.2006 Seite 056

(10) Budgetierung Wenn Controller keinen Plan haben
aus HANDELSBLATT online 31.01.2007 14:56:07

(11) Beyond Budgeting für Versicherungen?
aus Versicherungswirtschaft, 15.5.2007, 62.Jg., Nr. 10, S. 810

Impressum

Unternehmerische Planung - Budgetierung als Steuerungsinstrument?

Bibliografische Information der deutschen Nationalbibliothek

Die Deutsche Nationalbibliothek verzeichnet diese Publikation in der deutschen Nationalbibliografie; detaillierte bibliografische Daten sind im Internet über http://dnb.d-nb.de abrufbar.

ISBN: 978-3-7379-0203-8

© 2015 GBI-Genios Deutsche Wirtschaftsdatenbank GmbH, Freischützstraße 96, 81927 München, www.genios.de

Alle Rechte vorbehalten. Dieses Werk ist einschließlich aller seiner Teile – z.B. Texte, Tabellen und Grafiken - urheberrechtlich geschützt. Jede Verwertung außerhalb der Grenzen des Urheberrechtsgesetzes bedarf der vorherigen Zustimmung des Verlags. Dies gilt insbesondere auch für auszugsweise Nachdrucke, fotomechanische

Vervielfältigungen (Fotokopie/Mikroskopie), Übersetzungen, Auswertungen durch Datenbanken oder ähnliche Einrichtungen und die Einspeicherung und Verarbeitung in elektronischen Systemen.